Weisheiten

Eine Sammlung

von

Wolfgang M. Lehmer

Bibliografische Information der Deutschen Nationalbibliothek:
Die Deutsche Nationalbibliothek verzeichnet diese Publikation in der Deutschen Nationalbibliografie; detaillierte bibliografische Daten sind im Internet über http://dnb.dnb.de abrufbar.

Vervielfältigung, Verbreitung, Speicherung und Nachdruck, einschl. Wiedergabe durch elektronische Medien, Erfassung und Nutzung auf elektronischen Datenträgern inkl. Internet etc. sowie Fotokopien, jeweils auch auszugsweise, nur mit Genehmigung des Autors. Kein gewerbsmäßiger Verleih und Tausch.

Es ist in keiner Weise beabsichtigt, durch die veröffentlichten Texte einzelne Personen oder Personengruppen zu verunglimpfen, zu diskriminieren oder rassistisch darzustellen. Sollte es so verstanden werden, bitten wir dies zu entschuldigen.

© 2015 Wolfgang M. Lehmer

Herstellung und Verlag:
BoD – Books on Demand, Norderstedt

ISBN 978-3-73572-469-4

Auch als e-book erhältlich

http://wolfgang-m-lehmer.de.to

Hilfreiche Sinnsprüche für alle Lebenslagen

Dummheit muss man sich leisten können.

Das Volk ist der Feind des Schöngeistes.

Dummheit erkennt keine Intelligenz.

Eine Ratte ist possierlich, Tausend sind eine Plage.

Nur der Dumme sucht sein Glück im Mammon.

Wer wenig denkt kennt wenig Leid.

Der Verlust der Jugend ist der Preis zur Erlangung von Weisheit und Zufriedenheit.

*Mode ist nur eine Krücke für
Menschen ohne eigenen Stil.*

Das einfache Gemüt verdammt all jenes, was es insgeheim zutiefst begehrt, wohl wissend, dieses selbst niemals erreichen zu können.

Nichts ist leichter, als sich über etwas zu mokieren, von dem man nichts versteht.

Wenn der einfältige Mensch etwas zu wissen vermutet, so vertritt er dies wie eine unumstößliche göttliche Offenbarung.

*Der Dumme lernt,
der Kluge begreift.*

Wein ist letztlich nur verdorbener Traubensaft.

*Wer Bilder auf der Haut benötigt,
hat keine Bilder im Kopf.*

Das Begehrte von heute ist der Abfall von morgen.

Wohnen kann man nicht lernen.

Die Meinung der Masse ist immer die Falsche.

Mut ist lediglich die Abwesenheit des Verstandes.

*Wer nicht lesen kann,
kann auch nicht schreiben.*

Der größte Schatz hat keinen Wert, wenn er den Unwissenden als Tand erscheint.

*Wer sitzt,
kann nicht zugleich stehen.*

Nonkonformismus adelt.

Wer einem Herrn folgt, zweifelt an sich selbst.

Die Meisten kennen sich kaum selbst, erlauben sich aber ein untrügliches Urteil über jeglichen Anderen.

*Man muss keine Fähigkeit haben,
aber eine Bescheinigung darüber.*

Ein Leben ohne Kreativität ist möglich, aber nicht erstrebenswert.

Alles was wir tun, tun wir nur der Erinnerung willen.

*Andere werden einen nie so sehen,
wie man sich selbst sieht.*

Schmerzen sind nur die Bestätigung, dass wir leben.

*Die Menschen werden nicht klüger,
nur hochmütiger.*

Wer nicht Rad fahren kann, sollte nicht mit einem Motorrad liebäugeln.

*Je besser es dem Einfältigen geht,
desto unzufriedener wird er.*

Schöne Menschen können auch in einem hässlichen Körper wohnen.

Auch ein schöner Körper kann einen hässlichen Menschen bergen.

Jeden Morgen begeben wir uns auf eine Zeitreise in eine ungewisse Zukunft.

*Die Geburt ist der Beginn
des Sterbens.*

Exzentriker sind nicht absonderlich, sondern leben lediglich in der falschen Epoche.

Disziplin ist ein Synonym für Unterdrückung.

Brüste alleine sind auch nicht abendfüllend.

*Geistiger Stuhlgang
hält die Seele rein.*

Der Wert der Dinge definiert sich nicht über deren Preis.

*Was dem Einen eine Beleidigung ist
dem Anderen eine Ehrung.*

Alles Tun ist optional.

Es steht einem Jeden frei, sich das Leben ganz nach eigenen Wünschen schwer zu machen.

Eine Ideologie ist lediglich eine These, deren Anhänger diese zum Ideal stilisieren.

Wertvolle Volksweisheiten

Wen Gott liebt, den züchtigt er.

So Mancher findet auch im Elend sein Glück.

Eine Junge frisst auch nicht mehr als eine Alte.

Reitet der Hochmut voran, sind Schande und Erniedrigung im Gefolge.

*Wer nichts weiß,
muss alles glauben.*

Folge den schönen Tagen und vergiss die Sorgen!

Kein Schaden, wo nicht auch ein Nutzen ist.

Der Tod entweicht zur einen Tür, durch die andere zieht das Leben ein.

Was keiner weis ist nie geschehen.

Das Schicksal lastet uns nie mehr auf, als wir ertragen können.

*Wenn der Vogel frisst,
pfeift er nicht.*

Auf Regen folgt Sonnenschein.

Wenn sich eine Türe schließt, öffnet sich eine andere.

Weitere Bücher des Autors

Die Harphe - eine satyrische Weltenbeschau

Zyklus „löbliche Schriftenwerke" Band 1

Satire/Kurzgeschichten

Paperback DIN A5, 128 Seiten

ISBN 978-3-86870-653-6

http://die-harphe-das-buch.de.to

Die Posaune – eine Weltenbeschau

Zyklus „löbliche Schriftenwerke" Band 2

Satire/Kurzgeschichten

Paperback DIN A5, 124 Seiten

ISBN 978-3-86870-855-4

http://die-posaune.de.to